Poemarte

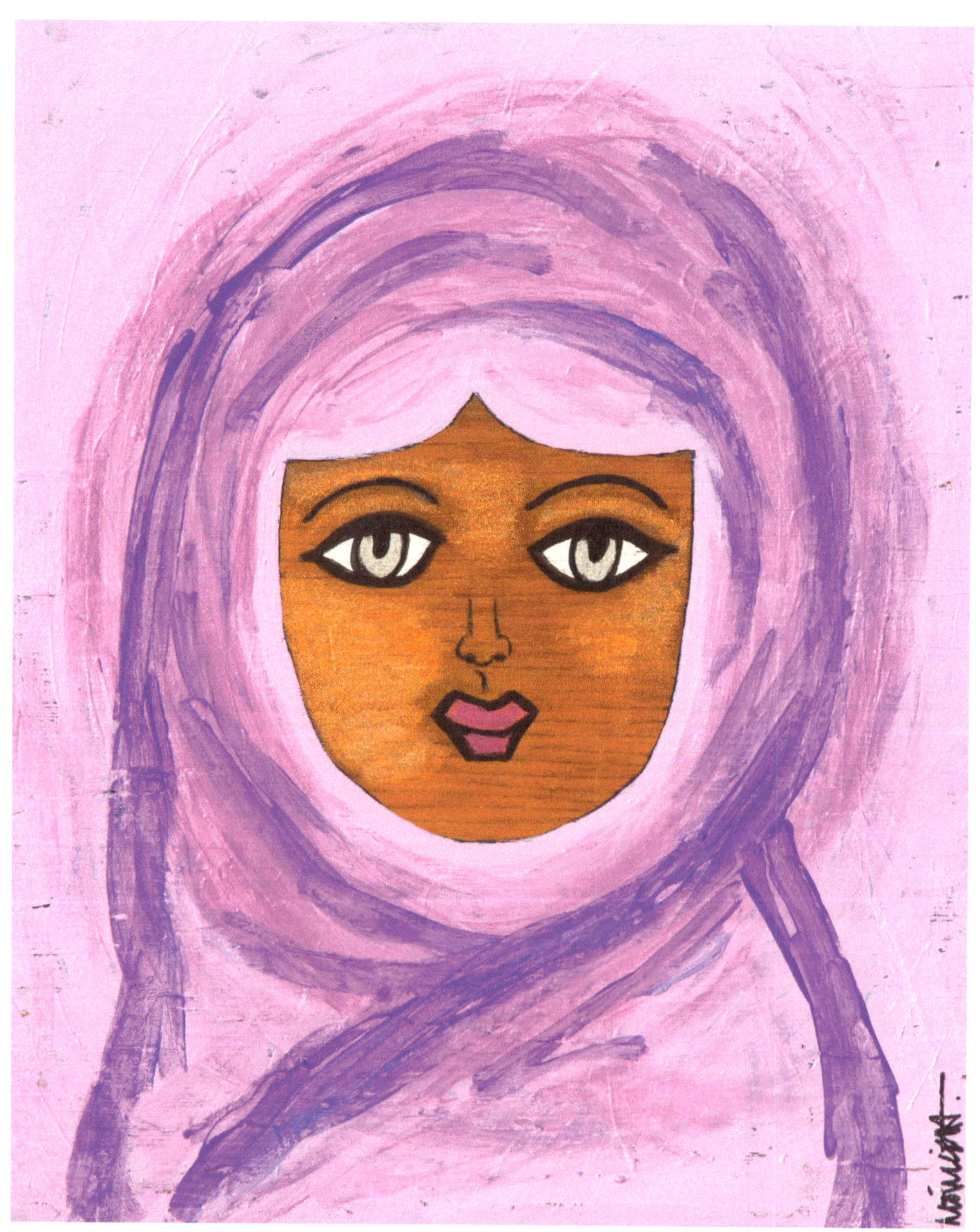

Poemarte

Mónica Tornoé

"a veces soy poeta"

Poemarte
1ª edición
ISBN: 978-1-7363661-2-7

Edición: Víctor Guerra

Diseño de tapa: Woodsquareart.com y fernandomunoz.com
Diseño de interior: Julieta Valle

Impreso en EE. UU.
Printed in USA.

La pintura es poesía que se ve y no se oye,
y la poesía una pintura que se oye y no se ve.

–Leonardo da Vinci

Painting is poetry that is seen and not heard,
and poetry is a painting that is heard but not seen.

–Leonardo da Vinci

Obras de arte

Poemas

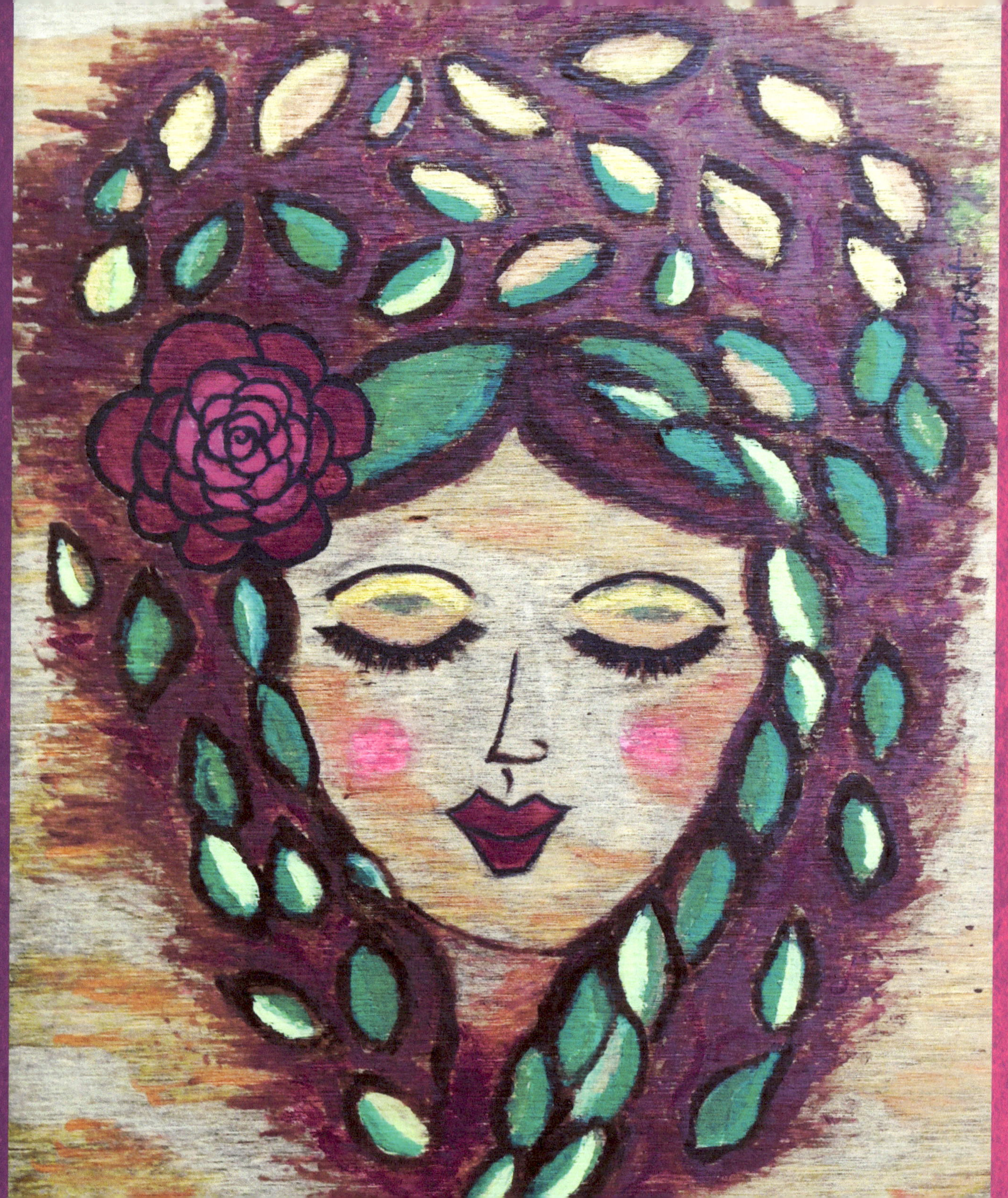

Cuéntame una historia larga

Cuéntame una historia larga
de caricias y roces,
mientras dibujas mi rostro con tus dedos.

Cuéntame una historia larga
del destino y la casualidad
de encuentros e inevitables.

Cuéntame una historia larga
de melancolía dulce
y dulce melodía.

Cuéntame una historia larga
con aroma a jazmín
y un soplo de primavera.

Cuéntame una historia larga
de matices oscuros
con el brillo de la esperanza.

Cuéntame una historia larga
de poemas y serenatas
de escapadas y carcajadas.

Cuéntame una historia larga
tan larga que dure cien años
para que no te vayas de mi lado...

Quiero cruzar el arroyo contigo

El dulce arroyo
de aguas cristalinas
me coquetea
invitándome a cruzar.

Las piedras resbalosas
forman el puente
que me seduce
hacia el otro lado del arroyo.

El camino es corto
pero la distancia larga,
los pasos a tomar son gigantes,
como de la cabeza al corazón.

El arroyo separa
en serena claridad
la certeza del hoy
de un mañana de quizás.

Quiero cruzar ese arroyo contigo
y dejarme arrullar en tus brazos,
quiero cruzarlo y tener algo,
algo maravilloso contigo...

Ven conmigo, poeta

Toma mi mano, poeta.
Quiero mostrarte
un mundo de inspiración
de calles empedradas de oro
transparentes como el cristal.

Es una gran revelación, poeta.
Hay una ciudad de oro
con un brillo propio
sin un sol ni una luna
resplandeciente con piedras preciosas.

El amor puro reina, poeta.
Está en su trono
de belleza inigualable,
respira el aire de la pureza
y la inocencia original.

Ven conmigo, poeta.
Tu corazón así lo quiere.
Déjalo libre, está en casa,
late tan fuerte y recio como un tambor.
¿Lo escuchas?

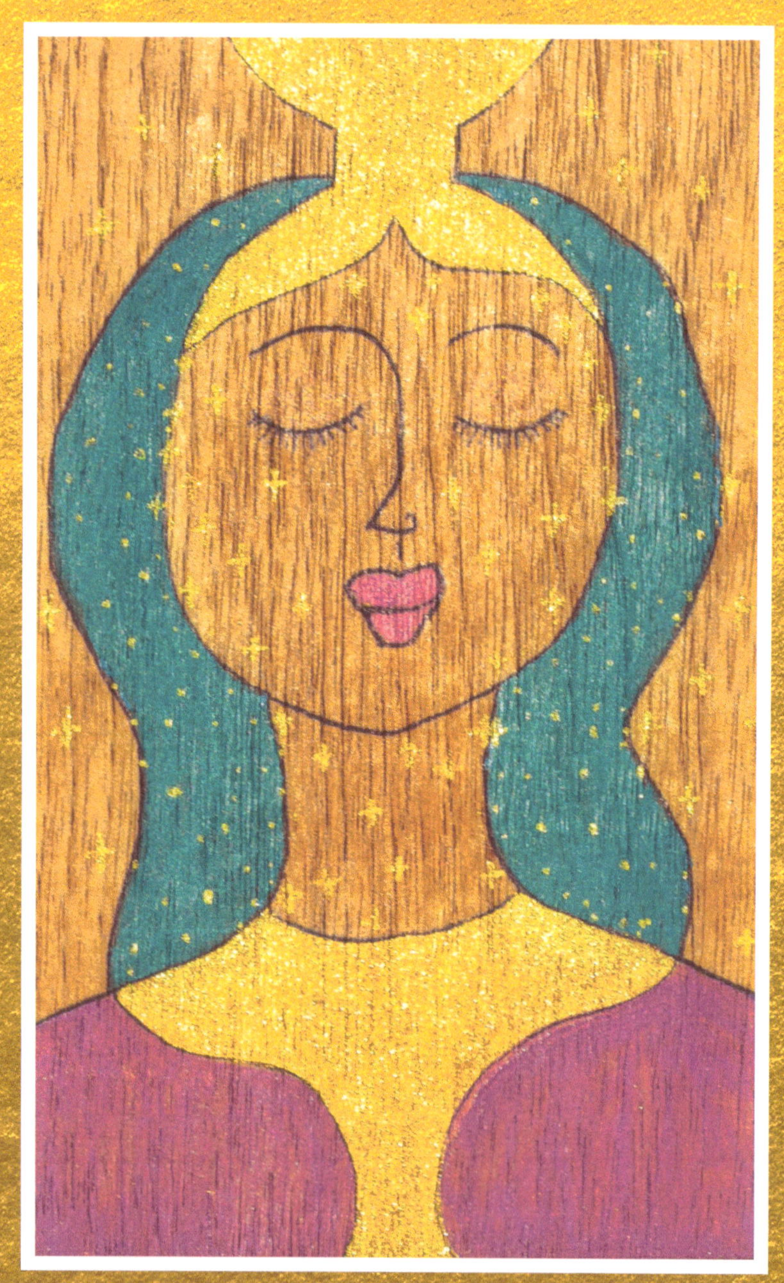

No temas, poeta,
aquí ya no hay frío, ni dolor,
solo abunda el amor.
Sacia tu alma, poeta
de ese amor que añoras.

En los manantiales
de agua viva, sacia tu sed.
Bebe el agua, poeta
que te da la vida.
Anda poeta, camina en su luz,
recorre cada rincón,
regocíjate con el descubrimiento,
atesora sus tesoros.

Escribe tu nombre, poeta,
en el libro escríbelo.
Escribe, escríbelo todo,
inunda tu ser de inspiración
en la verdad verdadera.

Escucho el tambor de tu corazón, poeta,
late más fuerte aún.
¡Quiere quedarse, poeta!
ha llegado al fin,
ha llegado y lo sabe...

¿Qué es esto?

¿Es el suspiro del viento?
Quizás es tu aliento en una búsqueda feroz del mío.

¿Es el rayo del sol?
Quizás es tu toque que como un cerillo prende mi piel.

¿Es la primavera que llegó?
Quizás es el verano que se siente en nuestros cuerpos juntos.

¿Es el lente que me fotografía?
Quizás es esa mirada tuya que como un dardo me penetra el alma.

¿Es el ferrocarril que viene?
Quizás son nuestros pensamientos que se van escapando.

¿Es el murmullo del arroyo que se escucha?
Quizás sea la melodía de algo que suena como amor...

Si hoy te tengo

El agua está quieta,
parece inerte.
Nuestros pies descalzos
se toman un baño.

Hoy no hay necesidad
de chapotear,
ni revolver,
ni apurar.

Una suave brisa
nos recuerda que
no hay prisa,
no hoy.

Aguas turbulentas y rápidas
con la corriente recia
quizás vendrán,
pero no hoy.

Un fuerte viento
en el horizonte
quizás sacudirá,
pero no hoy.

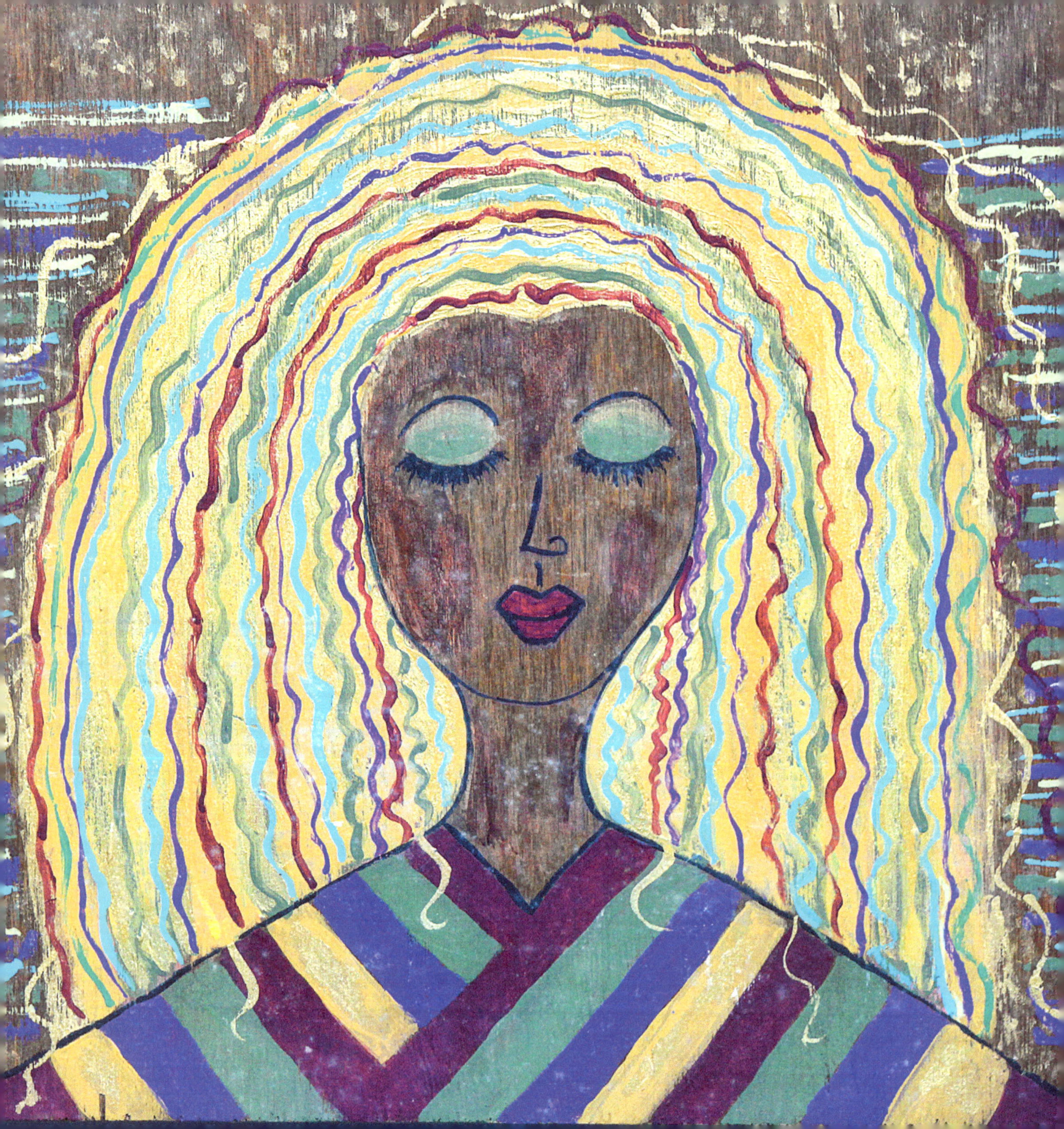

Las florecillas silvestres
con su encanto y belleza
adornan el hoy
sin la promesa del mañana.

Tu calor me abraza,
tu rostro plácido
me apacigua,
aquieta mi espíritu agitado.

Me recuerda que
el tiempo es del tiempo,
que hoy es el fiel compañero,
lo único certero.

Nuestro paso es lento
como el de la tortuga.
¿Quién quiere correr?
No hay apuro para querer.

Si hoy te tengo y el hoy
es todo lo que tengo,
¿por qué querer correr
hacia el mañana?

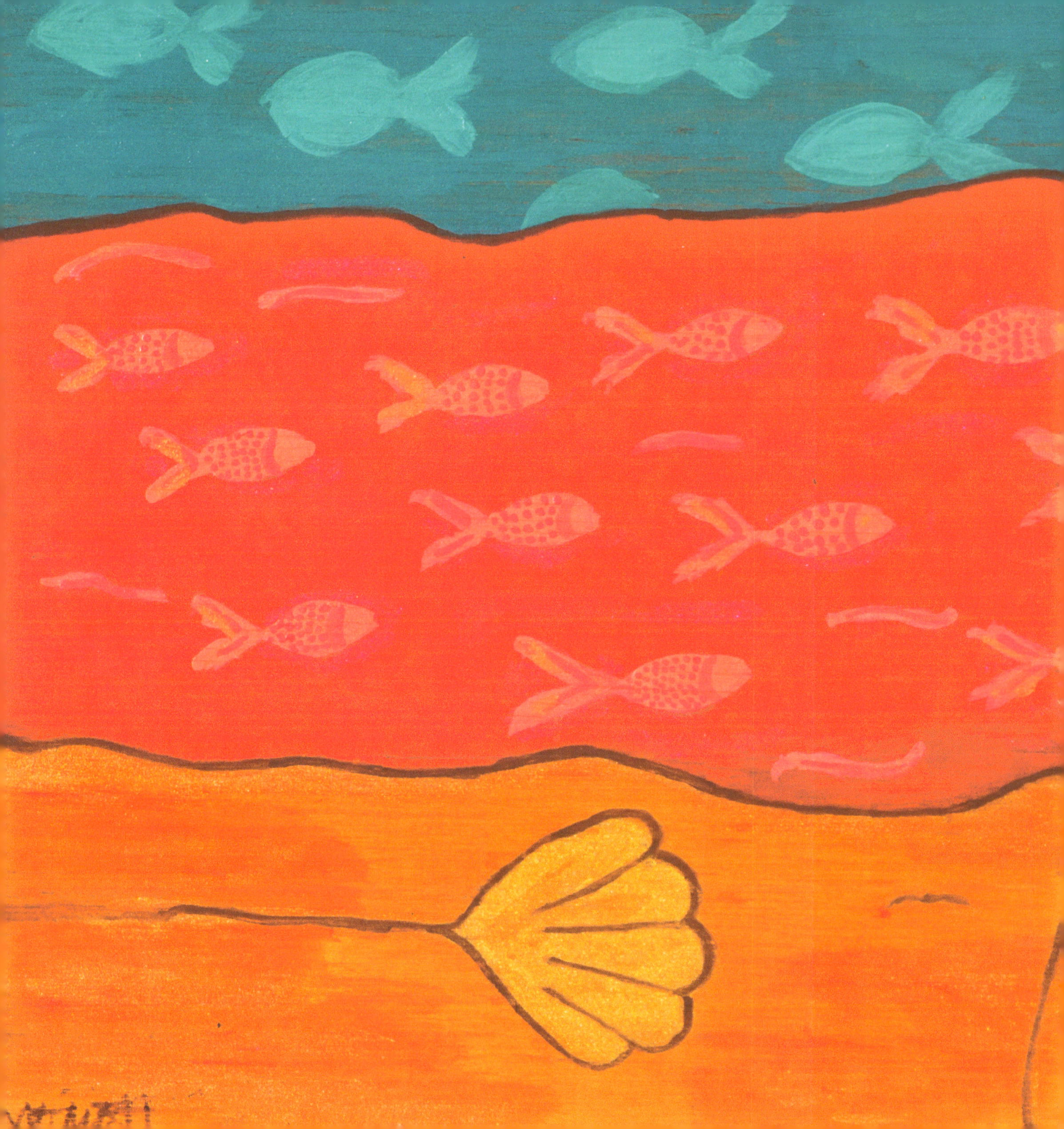

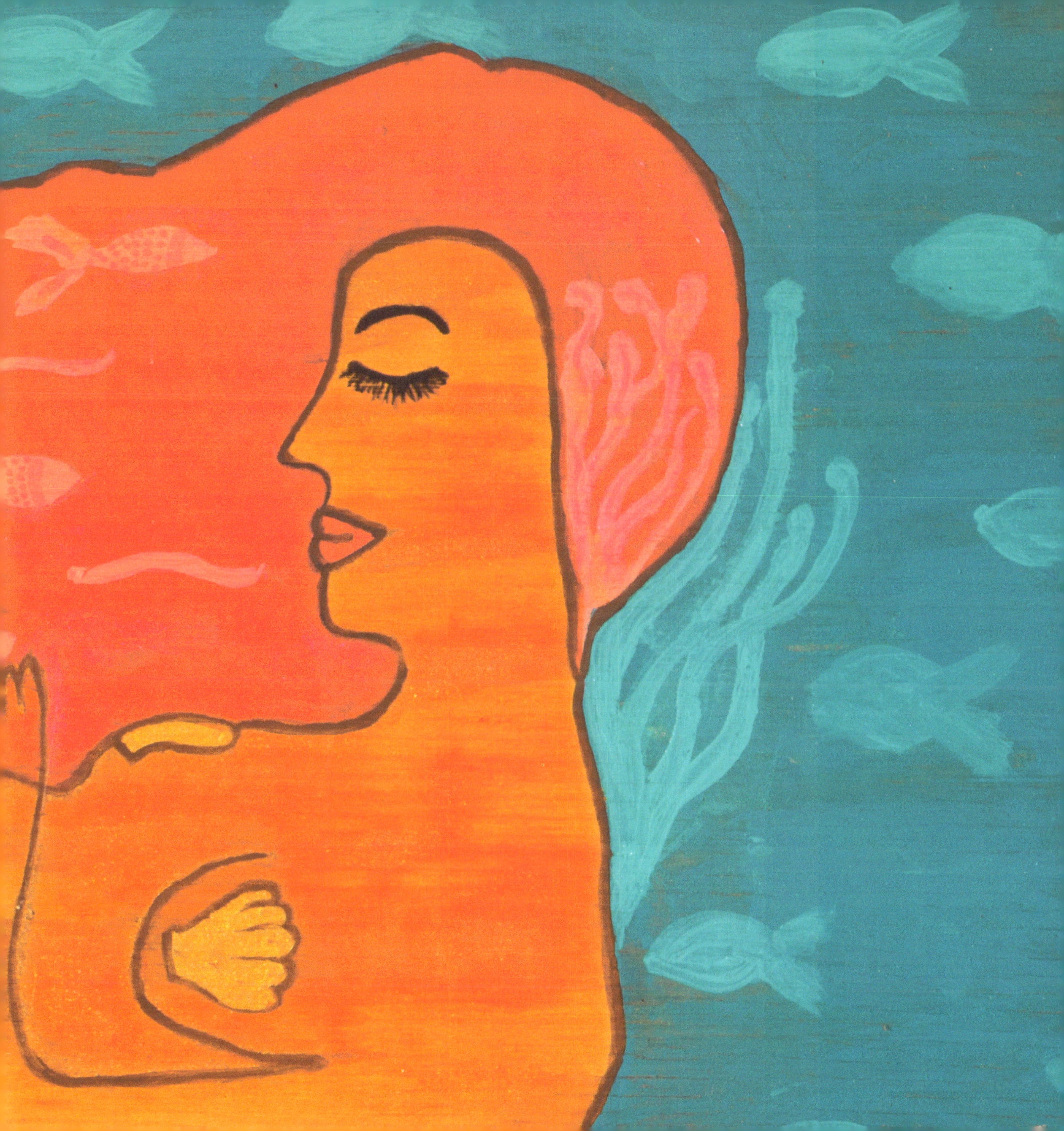

Poema de noche

A la luz de la luna llena
tengo una cita
con el lápiz y el papel,
y tú en mi pensamiento.

El sueño no existe más,
de mis pensamientos
ya eres dueño.

Eres mi poema de noche,
mi sola inspiración
que repasa el día
y tu efecto en mi corazón.

Los versos son las vivencias,
la rima en tu risa,
la prosa en tu esencia,
las sílabas forman tu nombre.

Capturo los momentos,
plasmo los encuentros,
atesoro los besos,
memorizo los detalles.

Abro las compuertas
y fluyen las palabras.
No puedo detenerlas,
ellas saben qué decir.

Y ya por la medianoche
tengo para ti
este tu poema,
tu poema de noche...

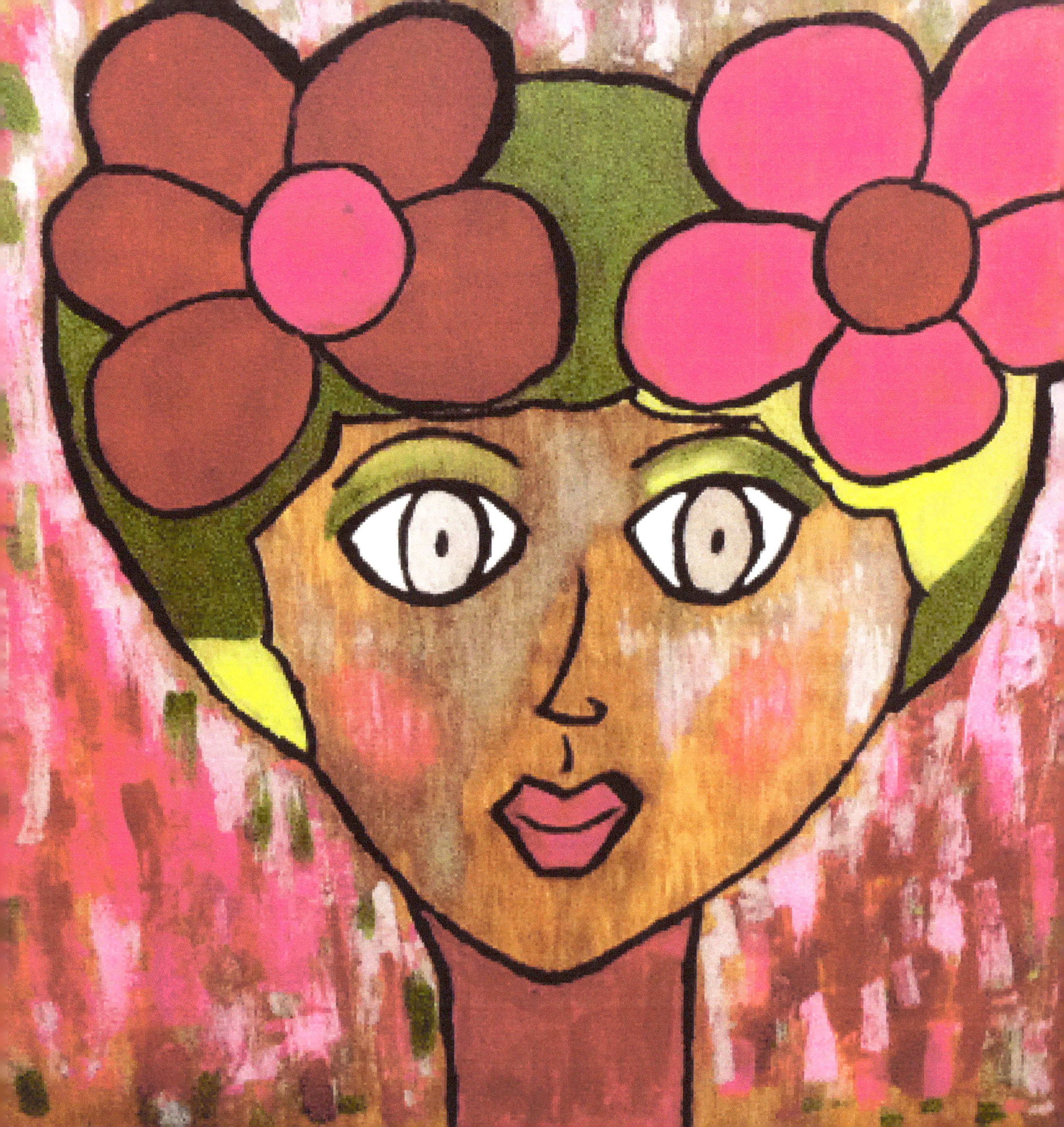

El final de la primavera

Entre despertares
y renaceres,
flores y pajarillos,
las lluvias de abril
y el sol de mayo
me vieron abrir los ojos

Nací en la primavera
rodeada de su belleza
y con pinceladas
quise atraparla
y me disfrazo de colores,
de toda clase de flores
capturando su belleza,
abrazándola en mi corazón
para empañar la nostalgia.

Tu llegada también,
en plena primavera
entre lluvias y verdes,
entre pasos inciertos
y temblorosos,
deseosos de saborear su miel
y el cosquilleo del amor.

Embriagada de la primavera
y de tu presencia,
la vida toma un color rosa.
Es un caminar entre nubes
que parecen de algodón
en un cielo azul:
La primavera
con sus encantos
a los simples
e ingenuos mortales
promete lo inextinguible,
lo inacabable, lo inalcanzable.

Es a piel de la primavera
que el amor florece y crece,
entre sentimientos
encontrados e inesperados,
entre rosas y espinas,
entre dulzura y desencanto.

Más la primavera
pese a las súplicas
no es eterna,
su tiempo es breve,
dura apenas dos o tres meses,
su estadía predestinada
da señales de un fin inevitable.

Se va secando el arroyo
aquel arroyo cristalino
y melodioso,
hoy seco sin vida calla.
Los árboles copiosos
pierden sus hojas
y permanecen en silencio
sin palabras.
Las flores apagadas y tristes
se van marchitando.
El viento sin su suspiro.
Los colores desvaneciéndose
en el horizonte.

La primavera
hermosa y amorosa
se despide
con una sonrisa opaca
dejando solo su aroma
y los sueños de colores
de todo lo que fue
y se fue…

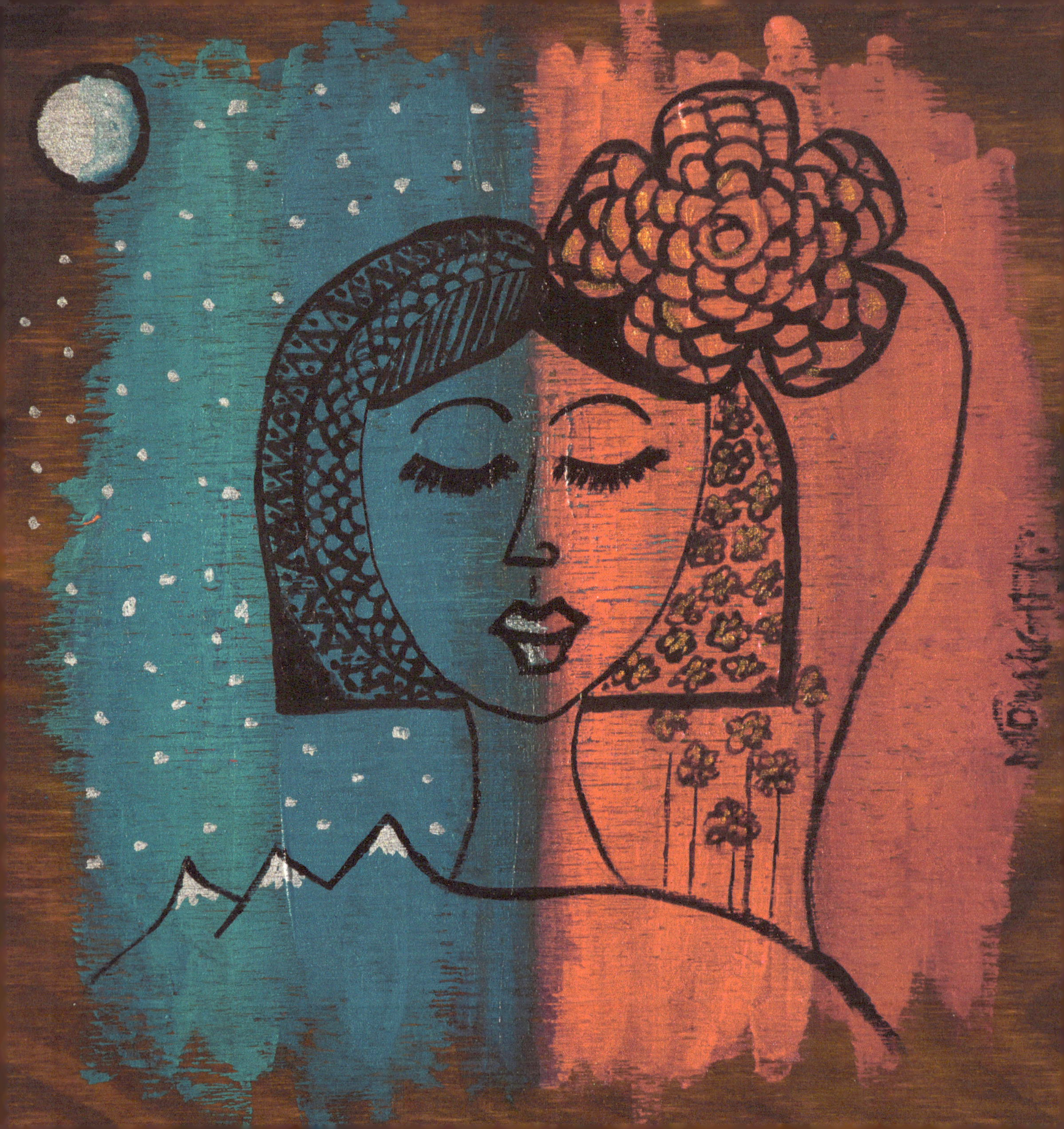

Un café y . . .

Un café y una canción
para recordar.

Un café y un simple garabato
o arte quizás.

Un café y una sonrisa
que lo endulce.

Un café y una nota
de espontaneidad.

Un café y un encuentro
con la casualidad.

Un café y una pausa
para escapar.

Un café y un libro
que me haga compañía.

Un café y un pensamiento
que me lleve lejos.

Un café y un poema
que me abrace el alma.

Un café y una palabra
que me dé alas.

Un café y una mirada
que me acaricie.

Un café y una postal
de un lugar lejano.

Un café y un beso
tuyo solamente.

Un café y un momento
irrepetible.

Un café y una excusa
para verte.

Un café y un motivo
para quedarme.

Un café y una despedida...

No me cuentes el final de la historia

No me cuentes el final de la historia.
No quiero saberlo.
Mejor cuéntame el principio
cuando San José
acogió a dos corazones
que intrigados se descubrían y
se abrían el uno al otro.

Cuéntame mejor de esa noche
en donde esas almas vulnerables
se desnudan
con preguntas indiscretas
y confesiones profundas,
alivianando cargas
y derribando muros.

Cuéntame de esa noche
en la que dos desconocidos
en nombre de la conversación
estiran y prolongan
lo que aún no tiene nombre
y que apenas es una sensación.

Cuéntame cómo fueron entrelazados
en ese camino de oscuridad
que no les permitía ver más allá
de sus propios pasos,

que los convierte en cómplices
y algo más.

Cuéntame de esos fuegos
que se encienden
en medio de tanta oscuridad,
en donde nace
lo que aún no tiene nombre.

Pero detente allí,
no me cuentes más.
No me cuentes el final
porque siempre hay un final.
Detente en este preciso momento.

No me cuentes
la historia de amor o desamor
ni de un final amargo
o de final alguno.
Cuéntame solo del momento
que empieza con un vuelco al corazón
sin juicio ni razón.

Que, al fin y al cabo
la vida es solo eso,
momentos y nada más...

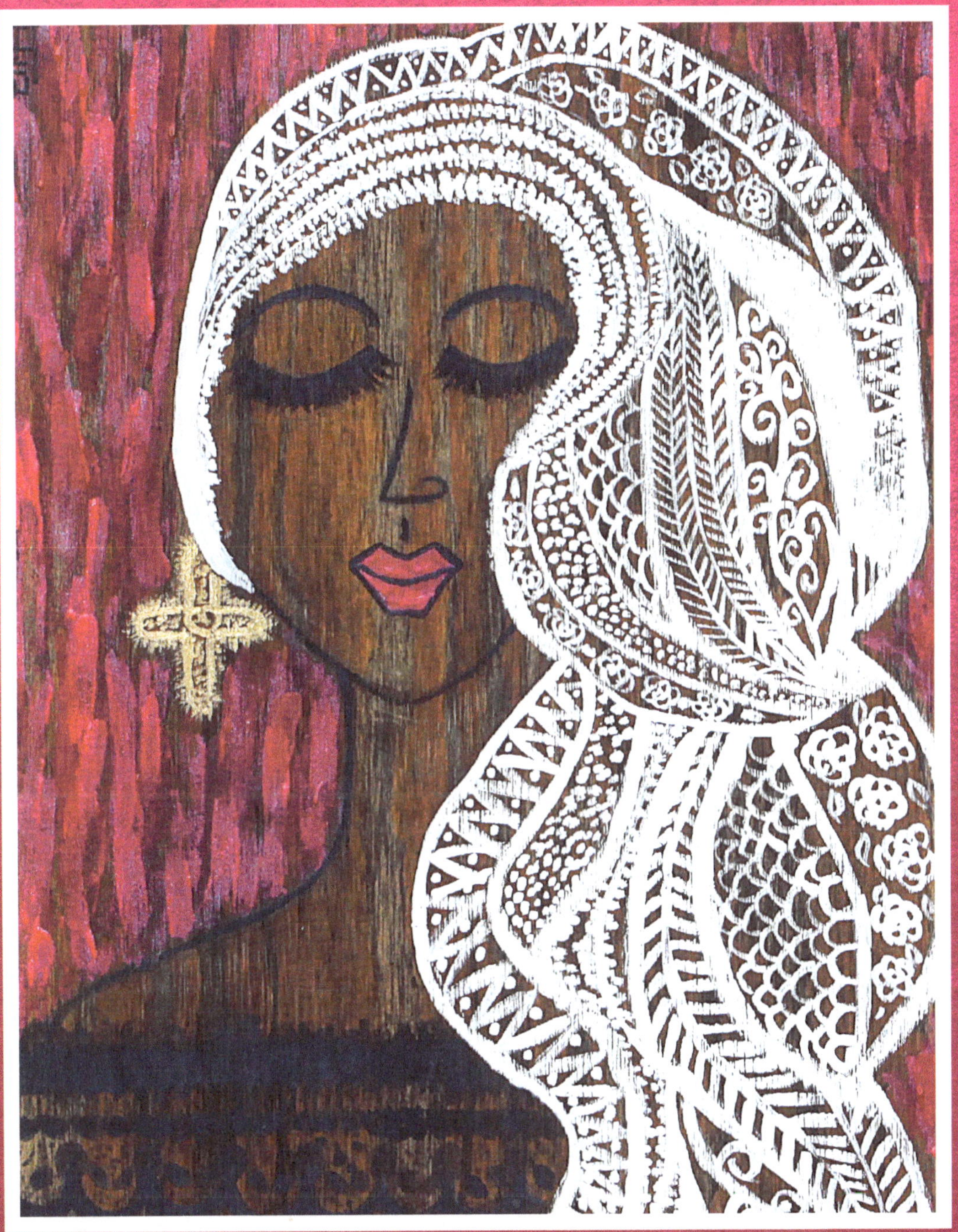

Como una pluma

Sí, como una pluma
como la del águila
que no vuela cualquier vuelo,
sino el vuelo más alto,
y que con valentía sepa volar arriba de la tormenta.

Sí, como una pluma
ligera en carga, pero fuerte en el espíritu.
Sí, como una pluma
de belleza singular y sencillez por igual.

Sí, como una pluma
que la mueva no cualquier viento
sino el aliento de su Creador

Sí, como una pluma
que recorra, busque y descubra
pero se quede con la verdad
y que a los lugares a donde vaya,
lleve el mensaje divino.

Sí, como una pluma
que cuando aterrice
sepa que es momento de quedarse.

Y que en momentos de tibieza
recuerde que las plumas
se hicieron para volar.

Y que en momentos de angustia
recuerde que el refugio
se encuentra solo en Él.

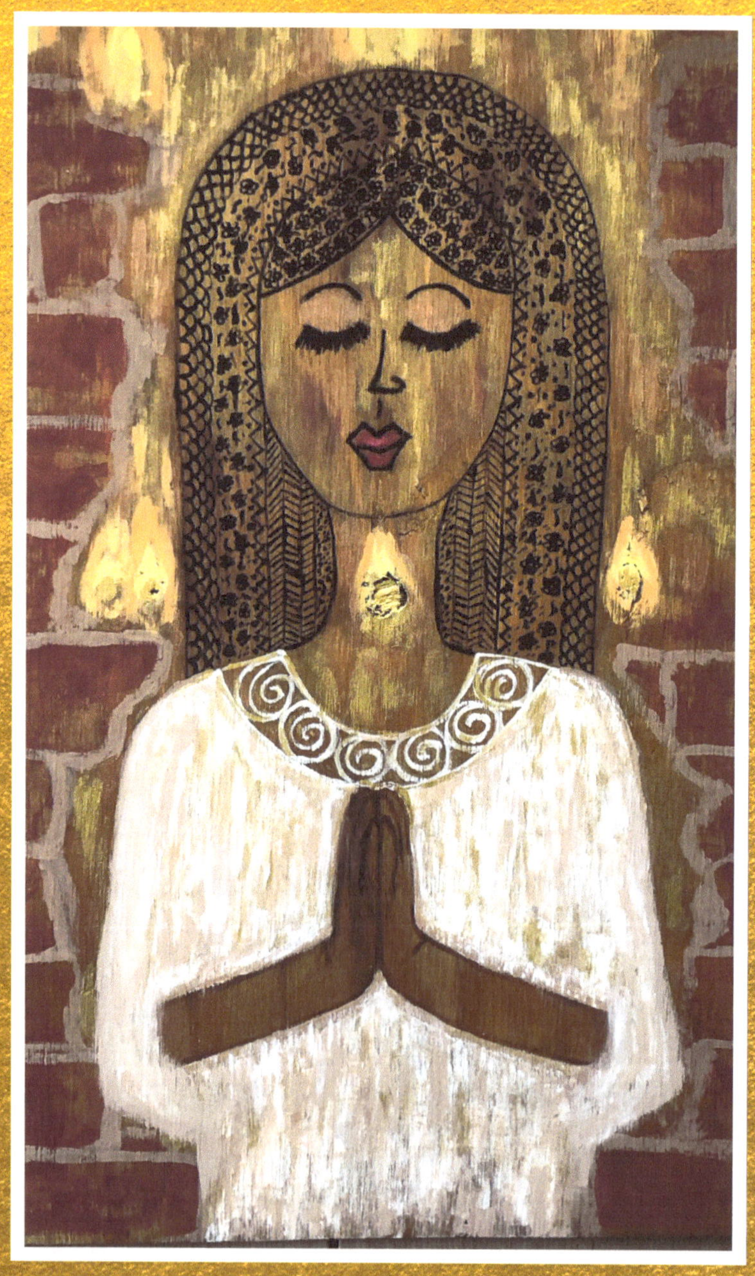

Poesía silenciosa

Con la mirada llegó el primer beso,
ese que ya se venía anunciando
desde hace algún tiempo.
Los labios lo continuaron
y lo prolongaron
y juntos recitaron la mejor poesía,
esa que se siente directo en el corazón
y en la que las palabras salen sobrando.

Sin plasmar el sentir,
sin escribir por escribir,
sin intentar expresar
lo que ya es perfecto y bello,
dejando que sea el silencio el que hable
y manifieste lo que es trascendental
y que ocurre de manera natural.

Beso a verso, verso a beso.
Los versos en los labios
forman la poesía del alma,
haciendo versos con los besos,
creando esa poesía silenciosa
que es la mejor clase de poesía...

Las armas del poeta

Su pluma suave
y seductora
me acaricia el alma
mientras recorre mi piel
estremeciendo
con su delicado roce
cada rincón de mi ser,
lentamente desarmándome
y venciendo mi guardia.

Desliza versos en mi oído
fusionándolos en melodía
que van creando
esa deliciosa poesía
que recita
y resucita mis ansias
de morir poco a poco.

Y bebo sorbo a sorbo
cada una de las palabras
empapadas de su tinta
que derrama sobre mí,
escribiendo su poesía
en mi desnudez.

En un arrebato dulce
de movimientos sincronizados,
escribe sobre mi cuerpo
los versos
más bellos y profundos
palpitándome,
salpicándome con su tinta
que me penetra hasta el alma.

Culminando
en una explosión
de poesía descontrolada
de gozo, agitado,
finalmente liberada
pero cautiva
mortal y poderosamente
en cada una de sus armas.

Recita versos de victoria
y en un constante regresar
repite una y otra vez
esos versos entrelazados
que componen
nuestra unión poética
que ya lo ha escrito todo.

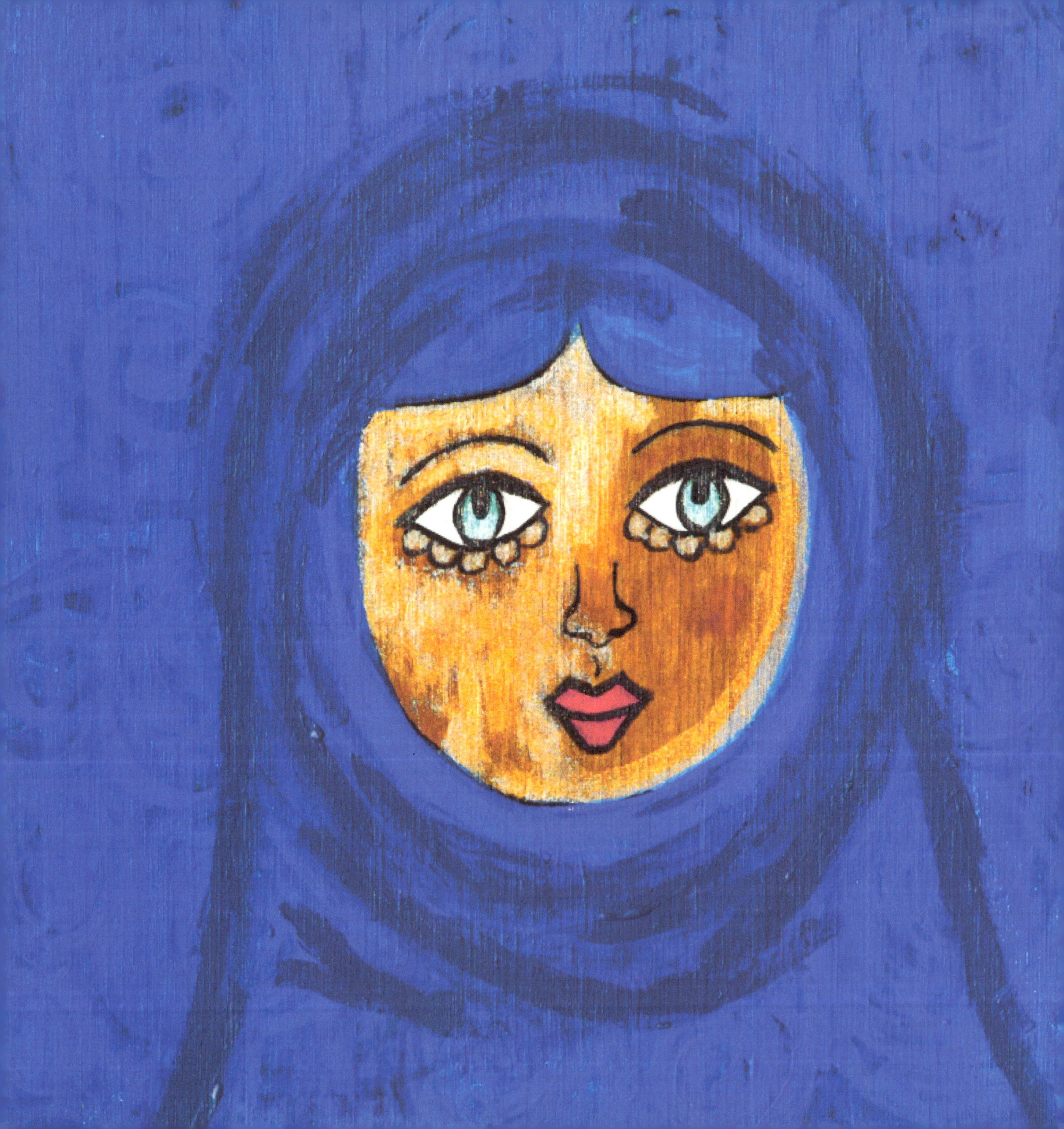

La niebla en mis ojos

Se me nubla la vista
de contemplarte en la distancia,
siempre a distancia en silencio,
esperando lo que no será,
así como un espectador
que ve la vida pasar.

La niebla va cayendo
y lentamente te cubre.
Continúas sin acercarte,
tu figura inmóvil, como congelada,
y te desvaneces en el horizonte
al mismo tiempo que se desata
la lluvia en mis ojos.

Un barco anclado a la poesía

Como una tormenta sin pronóstico
te sacudió la vida,
y como la marea te desbordó el alma
y te empapó la sequedad de tu querer.
Navegó en tus aguas profundas
y naufragó en tus lunares
y con su sonrisa iluminó tus rincones más oscuros.

Tú la llenaste de palabras y versos
que le acariciaban el alma
y escribías de las promesas
de lanzarte en un viaje
transatlántico y transpacífico
por un instante más a su lado.

Y escribías versos
y más versos
que no cobraban vida,
y como agua entre las manos
ese amor se te escapaba.

Y anunció su partida
y tú desde la orilla
la dejaste marcharse
mientras escribías versos
anclado a la poesía.

Las noches estrelladas
encenderán su nombre
e incendiarán tus madrugadas
con su recuerdo
y le escribirás más poemas.

Los atardeceres te abrazarán el alma
con su recuerdo
y escribirás más versos.

El horizonte te hablará
de la profundidad de sus ojos
y de la inmensidad de su amor,
mientras tú permaneces
anclado a la poesía.

Y con la vista nublada
de esos momentos e instantes
escribirás versos y más versos
de todo lo que fue, pudo ser
y dejaste escapar,
mientras tú permanecías
como un barco anclado a la poesía...

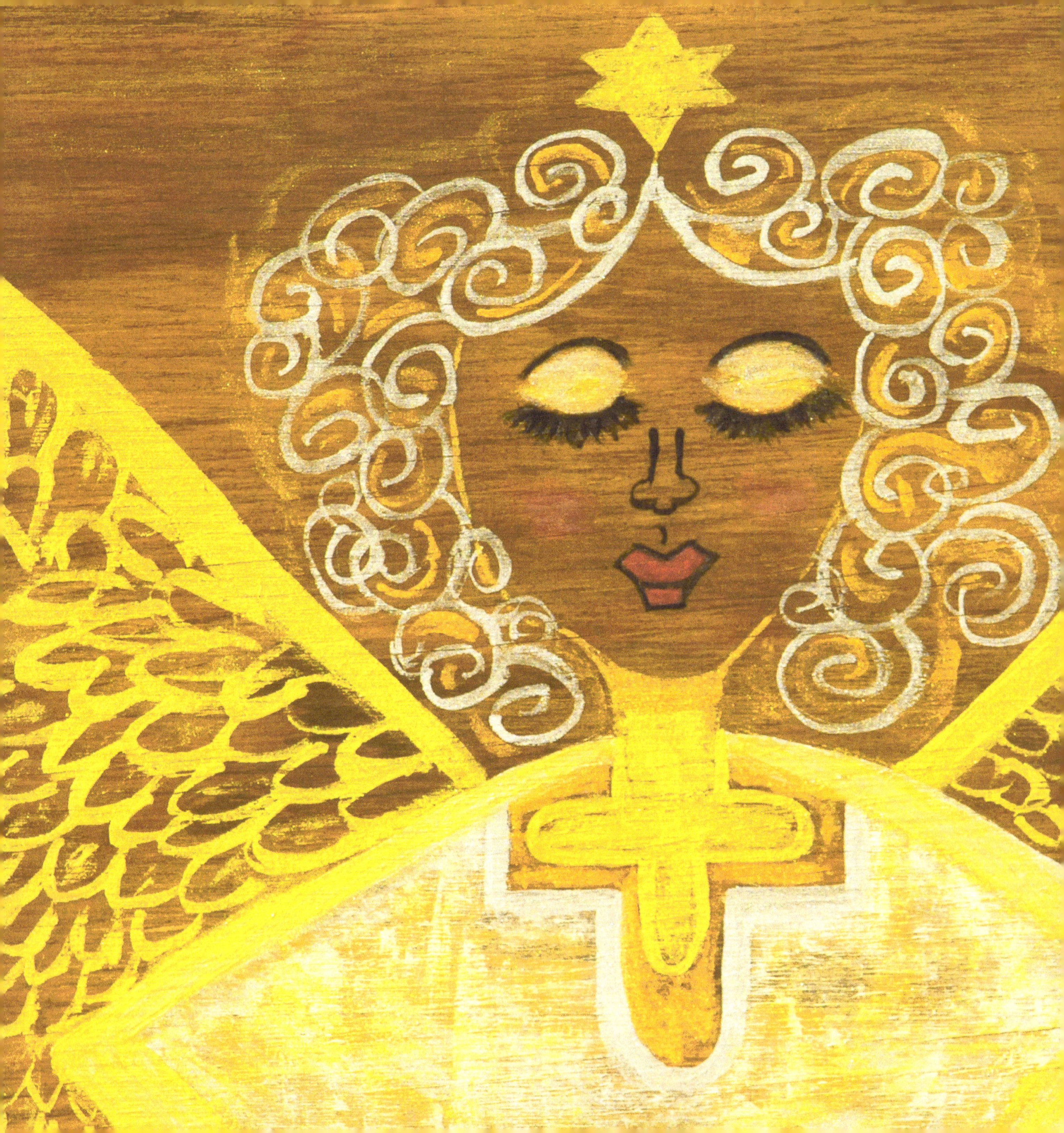

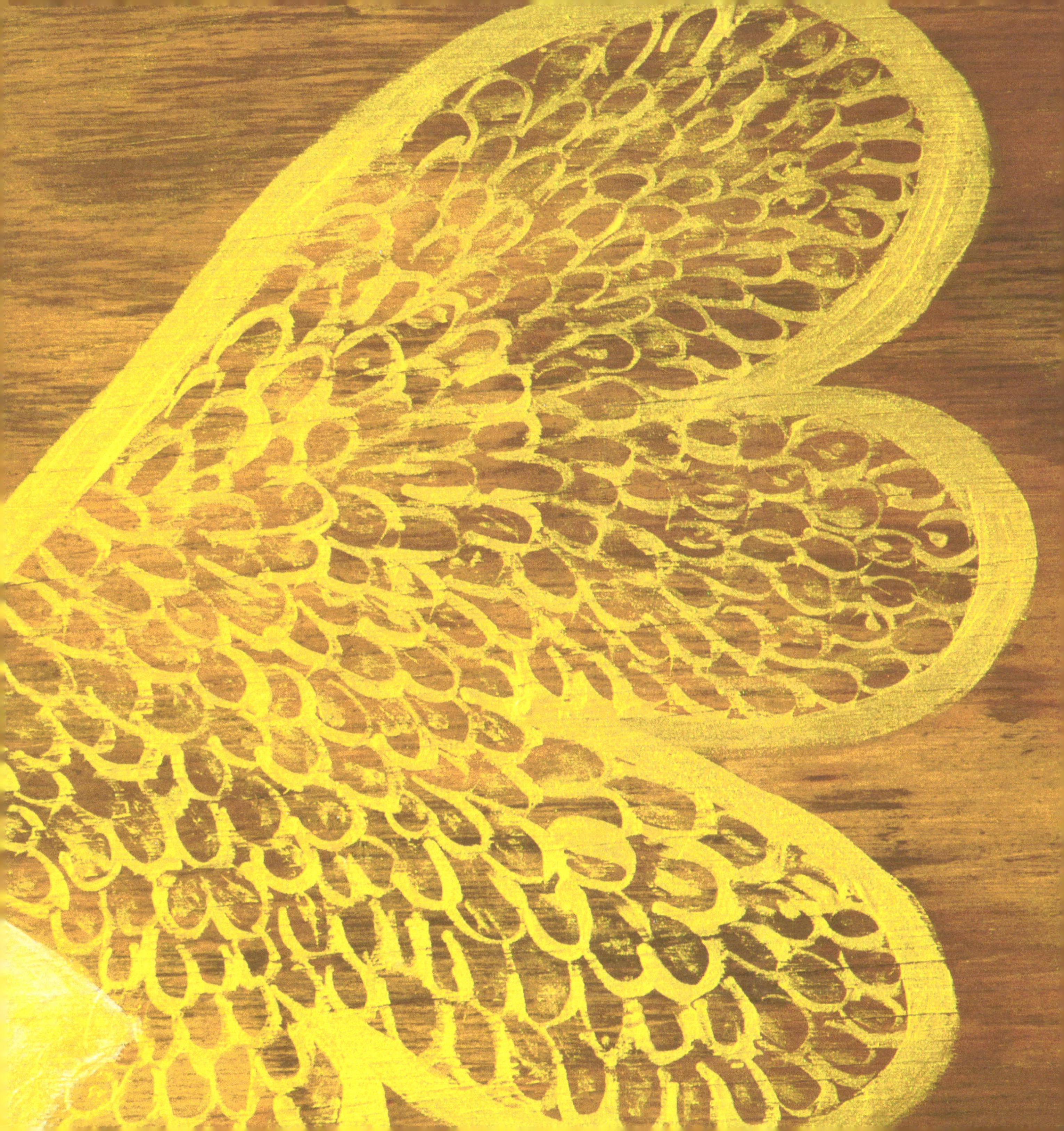

La matemática de dos

Cada vez más yo,
cada vez más tú.
Cada vez menos nosotros
incremento de uno
ausencia de dos,
más uno y menos dos.

Caminando en bifurcaciones
y en caminos paralelos
en zona de encuentro cero,
esquivando avenida te quiero,
rumbo calle conveniencia.

Memorizar el olvido
es el tema.
Hablar menos
y programar más
es el lema.

Fiel y periódicamente,
siguiendo la tabla periódica,
dejando al olvido
la química del corazón.

Haciendo ecuaciones con otros,
sumando juntos cada vez menos,
sin lugar para respuestas
por temor a hacer preguntas,
olvidando que el hablar, sana
y que el callar y guardar solo daña.

Aplacando fuegos,
silenciando pasiones,
cerrando vías de comunicación
restando importancia
a lo importante,
multiplicando lo insignificante.

¿Cuál es la matemática?
Sigue siendo la temática,
Más tú, cada vez,
más número uno,
más yo, cada vez,
más número uno,
menos nosotros,
menos número dos,
viene a ser el gran total
de este triste final.

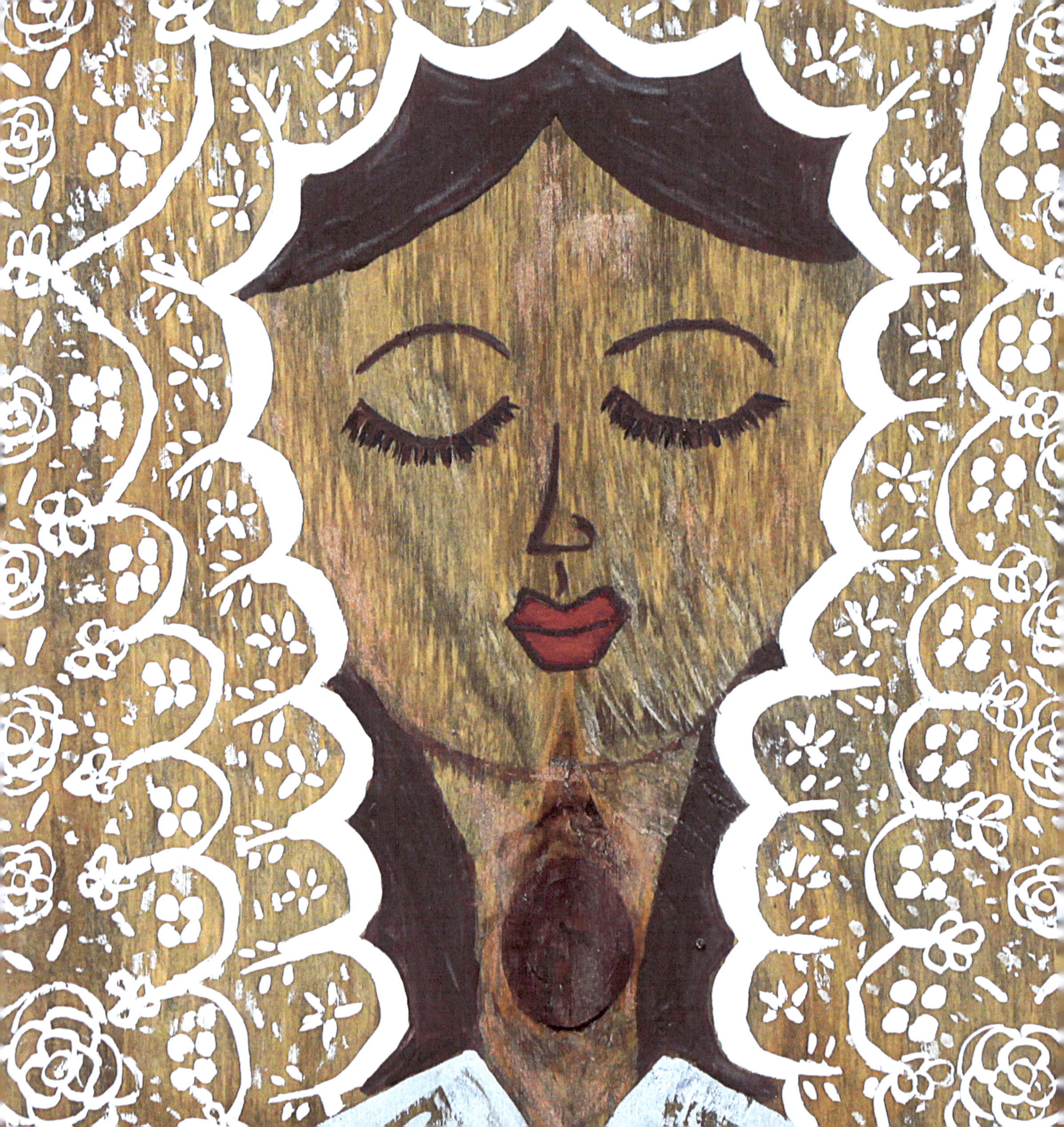

Cerré mis ojos

Cerré mis ojos
por sólo un momento
y al abrirlos,
frente a mi
estaba un hombre,
en el lugar
en donde había
una vez un niño.

Lo reconocí
por esas pestañas largas,
esos ojos que me robó,
por su andar relajado
y por esa nobleza inigualable.

Con él aprendí
lo que es amar,
a dar más que a recibir,
a hacer lo imposible
y a soñar lo inimaginable.

El tiempo no se detuvo
y no pasó en vano.
Pasó,
corrió y voló.
Mientras criaba al niño,
crecía el hombre

Hoy frente a mi,
no es un extraño,
es ese mismo niño
que llevé en mis entrañas
Y acarreé en mis brazos.

Ya no lo llevo más en mis brazos,
pero va siempre en mi corazón.
Inevitablemente enlazado
y a quien orgullosamente
llamo hijo mio...

A veces soy poeta

A veces soy poeta
pausando en cada palabra,
adentrándome en heridas,
recordando amores y dolores,
navegando en momentos
caminando en prosa,
siguiendo huellas,
descansando en versos,
imaginando y soñando
o simplemente escapando.

A veces soy el poema,
soy una pintura del alma,
soy las lágrimas derramadas
o el gozo desbordante,
soy una canción de amor
o momentos de agonía,
soy palabras rebuscadas
o la rima que juega.

A veces soy espectadora
antipoética antipática
de los versos cursis y
de la rima forzada.
A veces me enamoro
de versos ajenos
escritos por otro para otra,

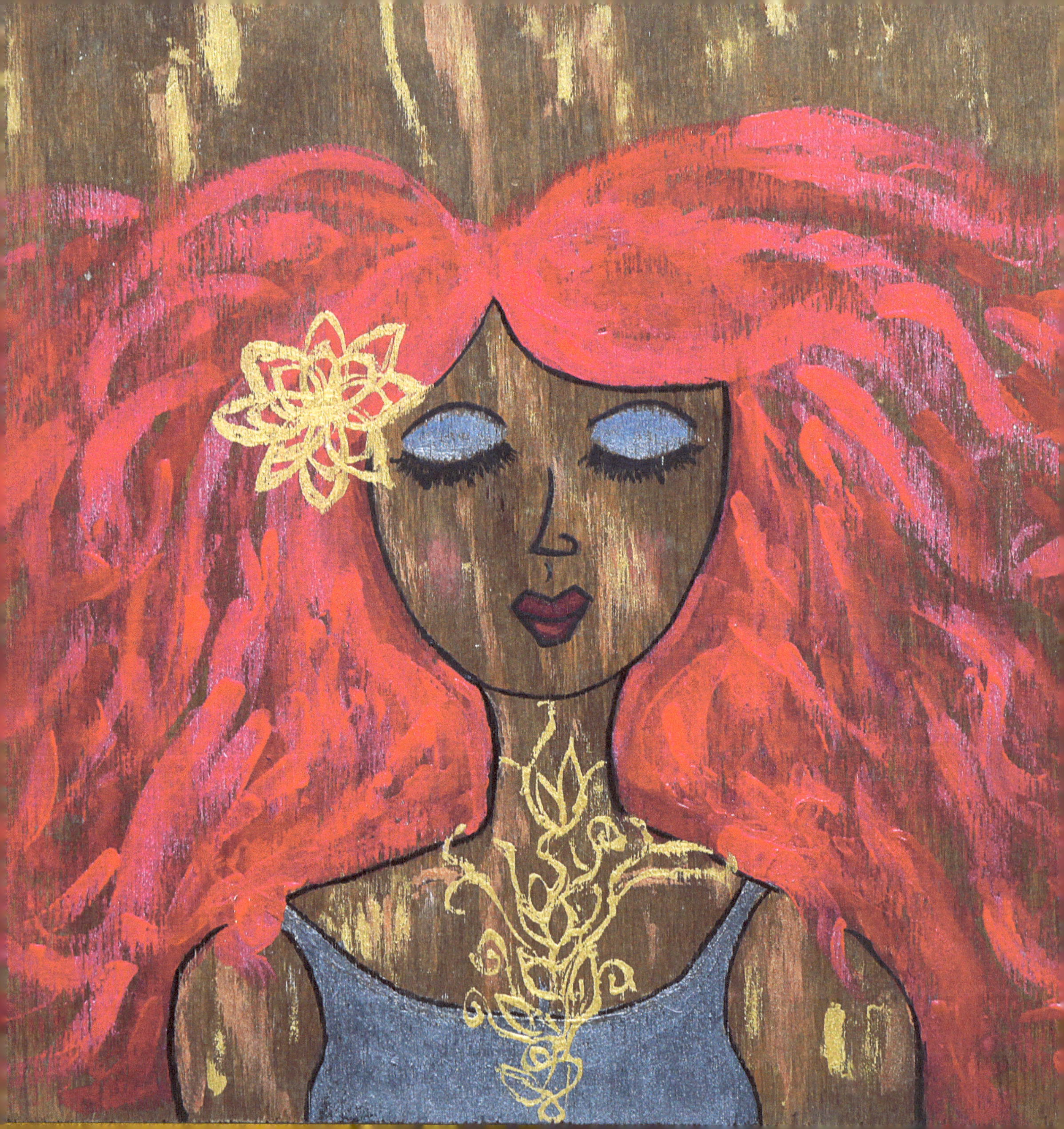

y otras veces me enamoro
del poema, del poeta
y del conjunto.

A veces soy musa
irresistible, encantadora
y activa participante
directa e indirecta,
consciente de serlo
o sin siquiera saberlo,
A veces soy esa inspiración
o una simple compañía
de la poética melodía.

Of Dreams and Butterflies

I am peeking through a gate
And there you are
wearing a gray suit
looking dreamy
as you always do

I am contemplating you
without being seen
and I notice something else,
a white carnation
on your chest

You seem to be waiting
for something
A butterfly swings by
and I am interrupted
by a pat on the back

Someone is rushing me
It's time to go
We walk toward a meadow
covered in wildflowers
and dancing butterflies

I see a large crowd
and hear the sweet music
of a live band
playing in the distance
and I recognize the tune

I do not know where we're going
but I am having trouble walking
I am wearing something heavy
so, I pause to look at myself
and I am wearing a white dress

Butterflies flutter their wings
while I am trying to make sense of it
It is all happening so quickly
I'm going back to our first encounter
It doesn't seem that long ago

But we both knew
from the very beginning
that we did not need a lot of time
Again, the butterflies,
in my stomach this time.
I know where I am headed now...

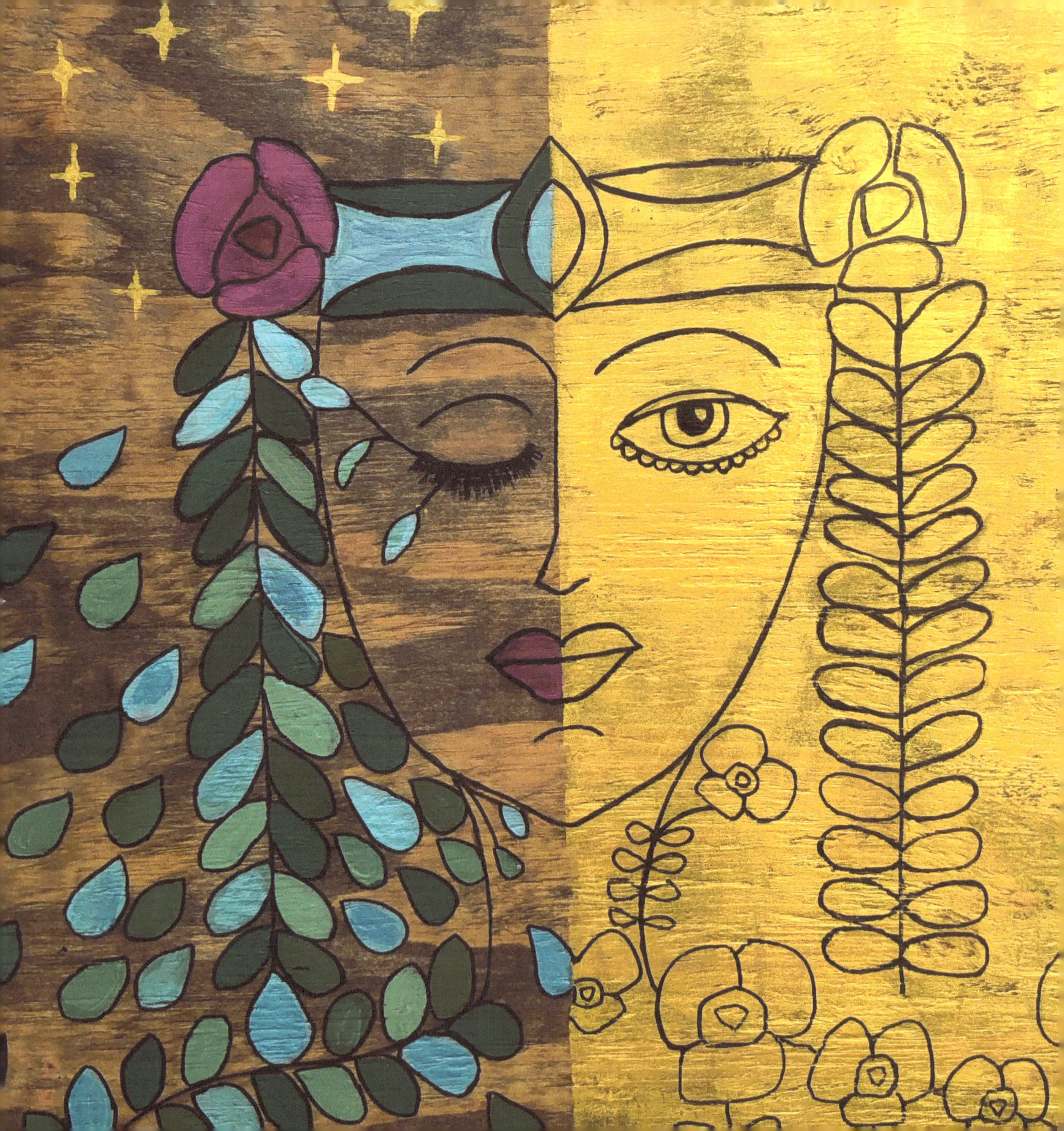

The Language of Silence

There are different kinds of silence
Perhaps silence is a language
spoken my many
Words weigh heavy
while light and fluffy silence
wants no part of it,
assumes no duty

In the weapon of silence
the flower withers
Watered words
that bring life and care
are just not there

The power of the unsaid
accompanies the undone
Cowardly becomes
an accomplice of evil,
voids that still haunt
like ghosts today

The deadly silence
soft yet chilling
gets away with murder
and washes its hands
with no body
and no evidence

There's fear in silence
unspoken terrified words
that stutter and
are locked down
in a haunted mind,
a sign of weakness

And yet,
there's strength in silence
it's loud and commanding
There's power in endurance
wisdom in resistance
all while resting
in silence

Words, Words, Words

Here they come
Roll down the carpet
Let the parade begin!

Here they come,
plumped
elegant and eloquent
grandiose, spectacular

They show off
all their beauty and splendor
Some are big
some are small
but oh my, are they full!

Dancing all over the edges
of the ballroom
they repeat themselves
over and over
until they've had a turn
They are sophisticated
clean and composed
adorned and admired
They boast of goodness and kindness
understanding and mightiness

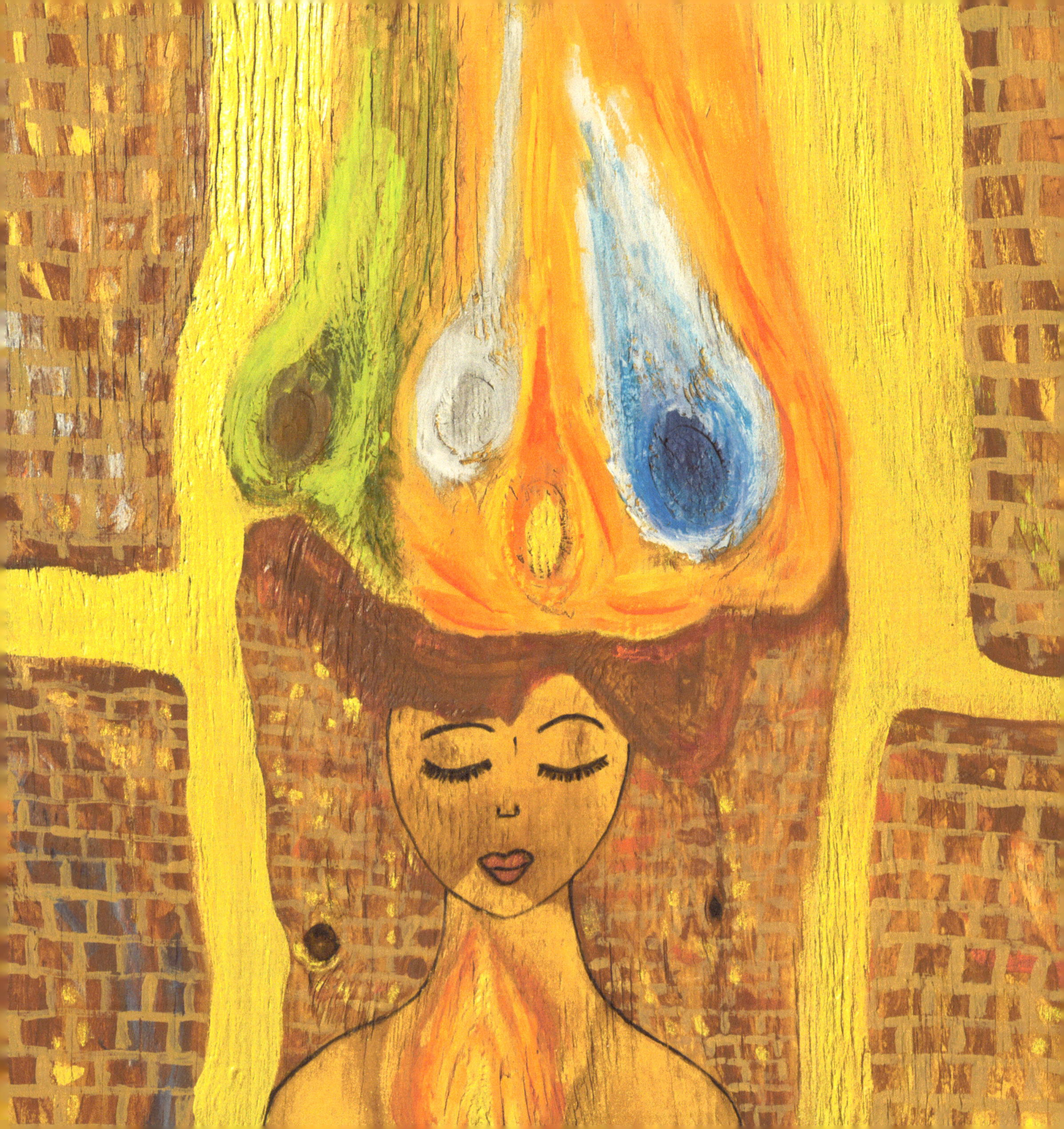

The clock strikes midnight
and like scared Cinderellas
they start fleeing
Where will they go?
Will they live to see another day?

The light shines through
It's the moment of truth
but they're nowhere to be found
Were they running on emptiness?

An ocean of silence awaits
It is silence indeed who speaks now
and most eloquently of them all
And truth finally sinks in

They have been exposed!
Then, the sound of clanging cymbals
At last a resounding
Gong! that sums it all up...

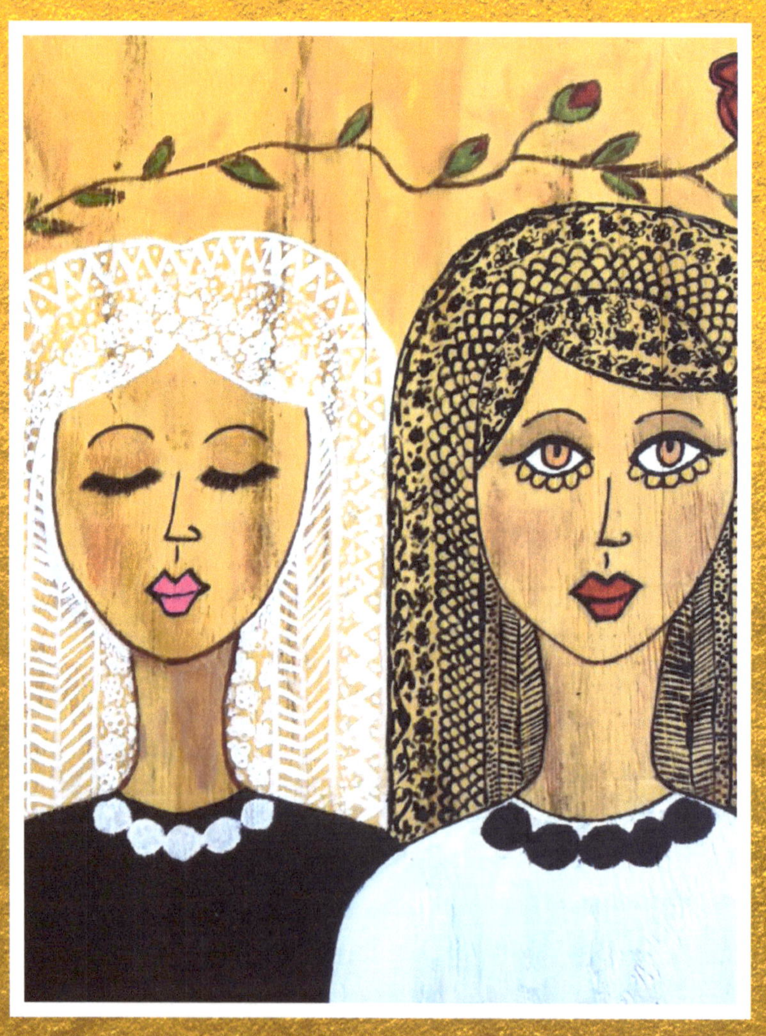

Spring into Fall

She was all spring
dancing among cherry blossoms
vibrant tulips, lilies, and orchids
of every color
singing of life
and new beginnings

He was fall
He was full of scarlet,
saffron, and russet
He was different shades
dramatic strokes
and mystical changes

Together they were a glorious sight
From green to gold to crimson they went
From opposites they went
And intertwined they were
As this encounter was meant to be

She was holding on to dear life
like the last autumn leaf
against the cool whispering winds
that kept persuading her
to let go

Change was already in the air
leaves were swirling
all around them
He was patiently waiting
About to show her a different kind of beauty
with bouquets made out of leaves

She finally let go
and fell straight
into the arms of fall
and for a warming moment
they had a second spring

He held her tightly in his arms
wrapped her beauty tenderly
and buried her
with the seeder's promise
and reassuring comfort
that their time will come again

And that reunited they would be
together in completion
In the full circle
of life and death,
again
and again, they would be...

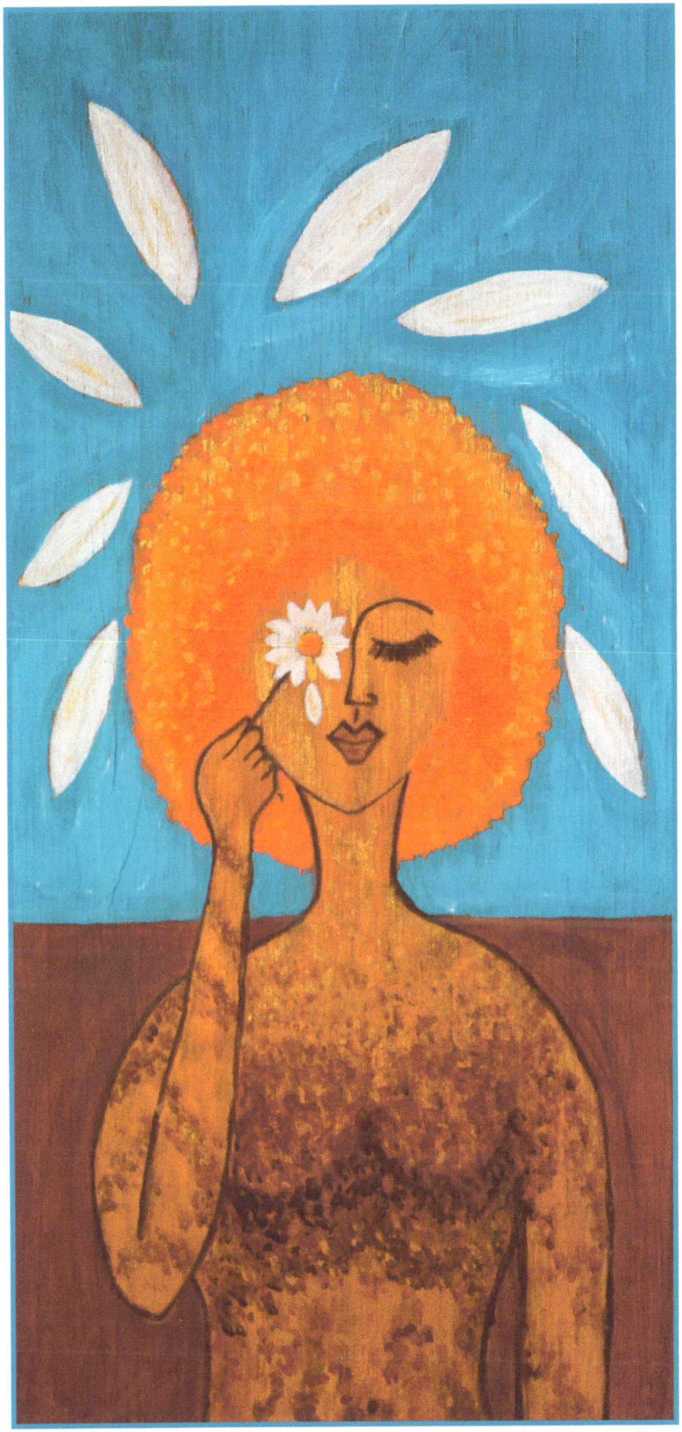

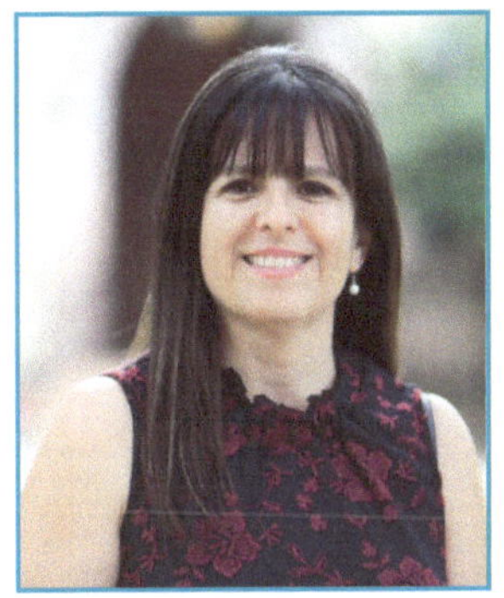

Acerca de la autora

Mónica Tornoé nació y creció en Guatemala, en donde se graduó como abogada y notaria de la Universidad Francisco Marroquín. Actualmente vive y trabaja en Austin, Texas, en donde ocupa el puesto de directora de Estudios Latinos en el Seminario Presbiteriano Teológico de Austin.

Mónica es también activista de los derechos de los inmigrantes latinos, y amante de las artes en toda su expresión. En los últimos diez años, ella ha dedicado tiempo para el arte y la poesía.

About the Author

Mónica Tornoé was born and raised in Guatemala, where she received a law degree from the Universidad Francisco Marroquin. She currently lives and works in Austin, Texas, and serves as director of Latino Learning at Austin Presbyterian Theological Seminary.

Mónica is also an activist for Latino immigrant rights, and a lover of the arts in all forms and expressions. For the last ten years, she has been creating art and poetry.

www.monicatornoe.com

www.ingramcontent.com/pod-product-compliance
Lightning Source LLC
LaVergne TN
LVHW070147110826
845147LV00002B/342

* 9 7 8 1 7 3 6 3 6 6 1 2 7 *